UN
FONDEUR EN CARACTÈRES

MEMBRE DE L'INSTITUT.

PAR

ALKAN AINÉ,

Officier d'Académie, Ancien Typographe Breveté à la Résidence de Paris,
Membre de plusieurs Sociétés Savantes et Artistiques Françaises
et Étrangères.

INTÉRIEUR D'UNE FONDERIE EN CARACTÈRES

PARIS,
AU BUREAU DE *LA TYPOLOGIE-TUCKER,*
RUE JACOB, 35

MDCCCLXXXVI.

UN

FONDEUR EN CARACTÈRES

MEMBRE DE L'INSTITUT.

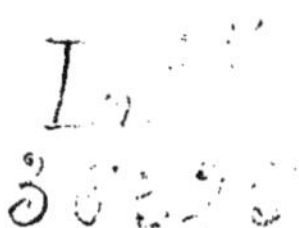

EXTRAIT POUR LA BIOGRAPHIE SEULEMENT
DE *LA TYPOLOGIE-TUCKER.*

Numéros des 15 Avril et 15 Mai 1885.

Edouard René Lefebvre de Laboulaye.

UN

FONDEUR EN CARACTÈRES

MEMBRE DE L'INSTITUT.

PAR

ALKAN AINÉ,

Officier d'Académie, Ancien Typographe Breveté à la Résidence de Paris,
Membre de plusieurs Sociétés Savantes et Artistiques Françaises
et Étrangères.

INTÉRIEUR D'UNE FONDERIE EN CARACTÈRES

PARIS,

AU BUREAU DE *LA TYPOLOGIE-TUCKER*,
RUE JACOB, 35

MDCCCLXXXVI.

UN
FONDEUR EN CARACTÈRES
MEMBRE DE L'INSTITUT.

LE 24 mai 1883 est décédé, après une courte maladie, en son domicile du Collège de France, M. EDOUARD RENÉ LEFEBVRE DE LABOULAYE (1). Il était né à Paris, le 18 janvier 1811, et il y étudia le droit avec le plus grand succès. Des voyages qu'il entreprit successivement en Allemagne le fortifièrent encore dans cette *science*, et il devint bien vite un des jurisconsultes les plus savants de notre temps, et le publiciste le plus pur, le plus correct, le plus entraînant, et, hâtons-nous de le dire, le plus *honnête*.

En 1842, nous le trouvons un des avocats les plus brillants à la Cour Royale de Paris; ce fut là son début dans la carrière. C'est en 1845 qu'il fut élu membre de l'Académie des Inscriptions et Belles-Lettres en remplacement de M. Fauriel (2). C'est M. Paul Meyer, directeur de l'École des Chartes

(1) M. Frédéric Passy, membre de l'Institut, a fait une intéressante conférence sur M. Laboulaye en octobre dernier. Paris, *imprimerie Morris père et fils, librairie Guillaumin et Cie*, in-8° de 68 pages.

(2) C'est comme membre de cette section de l'Institut qu'il faisait partie de la Commission des Travaux Littéraires « chargée de sur- » veiller la continuation des Notices des Manuscrits du Recueil » des Historiens des Gaules et de la France, la publication des His- » toriens des Croisades et autres travaux confiés à l'Académie des » Inscriptions et Belles-Lettres ». — Institut de France. — Annuaire pour 1882, in-18, Imprimerie Nationale.

et professeur au Collège de France, qui lui a succédé. En 1849 les électeurs de la Seine le nommèrent représentant par 107,773 voix.

Administrateur du Collège de France (1), et professeur de législation comparée, chaire créée en 1849 (2). Ses cours eurent le plus grand succès et furent constamment suivis par un public d'élite, et nous y vîmes même des femmes prendre des notes.

C'est ici que se place naturellement un épisode concernant l'un de ces cours. Un certain groupe de citoyens de Strasbourg offrit un superbe encrier de prix à M. Laboulaye, dans une circonstance tout à fait en son honneur et à l'indépendance de son caractère politique. A l'un de ses cours, des jeunes gens se mutinèrent, en criant à tue-tête : *Rendez l'encrier!* Le professeur ne se déconcerta pas : il tint tête à l'orage. C'est à cette occasion qu'il se mit à dire à ces jeunes étourdis : « Vous avez beau dire et beau faire, il y aura tou- » jours du *noir* là dedans. » Cependant le tapage se renouvelait en couvrant la voix du professeur, et on dut suspendre le cours; mais il fut repris bien vite avec la plus grande ardeur et aux applaudissements de l'auditoire; cette *gaminerie* insensée avait cessé.

M. Laboulaye remplit ce professorat important jusqu'à ses derniers moments; M. Flach, son savant suppléant, ne le remplaça que bien peu de temps, et lorsqu'il vit, avec chagrin, ses forces l'abandonner de jour en jour.

Il fut, pendant de longues années, l'un des collaborateurs du *Journal des Débats,* avec son ami M. Silvestre de Sacy, ce bibliophile si fin et si délicat, à qui il a dédié, à cause de ça, ses *Etudes Morales et Politiques.* Il y avait alors dix ans qu'il était *enrôlé sous le même drapeau,* qu'il était son *compagnon d'armes,* et un rude, loyal et actif compagnon.

Vers la fin d'une carrière si bien remplie, M. Laboulaye aurait voulu ajouter à ses divers titres si noblement conquis, il en avait manifesté d'ailleurs le plus vif désir, celui de membre de l'Académie Française; mais la docte compagnie lui préféra, à tort ou à raison, un autre homme d'ordre et de talent, M. Maxime du Camp. Vu le grand âge de M. Laboulaye, on aurait pu lui donner cette satisfaction. Si l'Académie a fini par nommer feu M. Ambroise Didot à celle des Inscriptions, c'est qu'elle s'est dit : « Il n'en aura pas pour long- » temps. » (*Historique.*) Elle eût, hélas! pu en agir de même avec M. Laboulaye.....

Malgré l'activité extraordinaire que M. Laboulaye déploya pendant quarante ans, il prit encore le temps de collaborer à la *Revue de Législation,* publiée par M. Wolowski, où il fournit

(1) M. Renan lui succéda en cette qualité. M. Ed. de Laboulaye avait remplacé M. Stanislas Jullien en mars 1873.

(2) C'est M. Jacques Flach qui a été désigné pour le remplacer.

un grand nombre d'articles, à la *Revue Germanique*, etc., et de devenir l'un des directeurs de la *Revue Historique du Droit Français*.

M. Laboulaye, on peut hardiment l'avancer, sans crainte d'être démenti par personne, aurait été un excellent et laborieux ministre de la justice.

Nous allons donner tout à l'heure la liste presque complète de ses nombreux ouvrages, dont plusieurs eurent des éditions successives; mais c'est *Paris en Amérique* qui atteint le chiffre le plus élevé.

C'est pour être agréable à son frère Charles, et pour créer une position en quelque sorte à ce savant, à l'un des collaborateurs du *Dictionnaire des Arts et Manufactures*, et auteur de plusieurs autres ouvrages estimés, que M. Edouard Laboulaye se fit *fondeur en caractères*, et le premier ouvrage qu'il a publié, et le plus rare de tous, porte, en effet, cette curieuse qualification.

Les frères Laboulaye s'associèrent d'abord à une fonderie en caractères, à celle de M. Lion, située alors rue Saint-Hyacinthe-Saint-Michel. Nous avons sous les yeux un spécimen in-4°, daté de 1838, et portant ce titre : FONDERIE LION ET LABOULAYE FRÈRES. En 1827, M. Lion était établi au numéro 103 de la rue Saint-Jacques. Nous avons joint à sa photographie, amicalement offerte le 29 mars 1882, une carte imprimée en or par le célèbre imprimeur de Strasbourg, M. Silbermann. En voici la disposition :

LION ET LABOULAYE FRÈRES,

FONDEURS EN CARACTÈRES,

A PARIS,

RUE SAINT-HYACINTHE-SAINT MICHEL, 33.

Fonte d'un alliage particulier qui assure beaucoup plus de durée au caractère, sans augmentation de prix. Assortiment considérable de caractères de gravure nouvelle.

M. Edouard Laboulaye ne resta que fort peu de temps fondeur en caractères, juste celui qui était nécessaire à son frère Charles pour prendre rang parmi les plus habiles de la capitale. M. Charles Laboulaye prit bientôt la direction de la grande FONDERIE DE CARACTÈRES FRANÇAIS ET ÉTRANGERS, l'ancienne maison Molé, puis Biesta, qui quitta cette industrie pour prendre la direction du Comptoir

2

d'Escompte. C'est dans cet établissement de fonderie, devenu de premier ordre sous sa gérance active et intelligente, qu'il élabora son grand *Dictionnaire des Arts et Manufactures*, comme nous venons de le voir.

C'est ici que nous dirons comment furent reprises, hélas! pour trop peu de temps, nos relations avec M. Ed. Laboulaye.

En 1840, avec le puissant concours, avec la coopération incessante de M. Gustave Silbermann, on allait ériger à Strasbourg un monument à Gutenberg. L'inauguration devait en avoir lieu le 24 juin. Au mois de mai de ladite année, nous fîmes une réunion dans nos bureaux des *Annales de la Typographie*, afin de représenter Paris à ce centenaire, et, de concert avec M. Charles Laboulaye, qui y assistait, nous fîmes désigner son frère, M. Edouard Laboulaye, qui était alors en tournée en Allemagne, et qui devait naturellement s'arrêter à Strasbourg, où allait se trouver M. Dupin, son protecteur, pour représenter à cette fête, vraiment séculaire, la fonderie en caractères en général, car c'était une brillante solennité comme on sait les organiser en Alsace (1).

A Strasbourg, M. Laboulaye fut d'une gaieté charmante, plein d'entrain. A un banquet offert aux visiteurs parisiens par Giroudot père (car le fils n'a guère marché sur ses traces), qui eut son temps comme habile mécanicien, car c'est lui qui fut un des deux ou trois fabricants de nos premières machines à imprimer. C'est à ce banquet que M. Laboulaye porta un toast : *Aux machines! qui usent les caractères!.....*

Mais que les imprimeurs se rassurent. Avec l'invention des caractères ferrugineux, avec les fontes (lettres) en matière dure, avec les lettres cuivrées, aujourd'hui ce sont les *caractères qui usent les mécaniques.....*

Pendant quelque temps encore, nous vîmes M. Ed. Laboulaye à la fonderie, mais nous le perdîmes bientôt de vue, surtout lorsqu'il en laissa tout à fait la gestion à son frère. Il est, du reste, difficile d'expliquer pourquoi on se perd ainsi de vue pendant de longues années, pour se retrouver plus tard quand il n'est presque plus temps de se *cultiver.....*

Lorsque parut notre projet d'élever une statue à Ulrich Gering (2), nous en envoyâmes un exemplaire à M. Laboulaye, et il trouva à la note 2 un passage dont il fut tellement flatté, qu'il nous écrivit une lettre pleine d'esprit, comme il savait les écrire. Voici ce passage : « ... M. Edouard Laboulaye a parcouru depuis une brillante carrière : il devint » successivement professeur au Collège de France, membre

---

(1) Voyez plus loin une note sur l'*Album* que nous avons fait, à cette occasion, de concert avec M. Silbermann.

(2) Mémoire à Son Excellence le Ministre de l'Instruction Publique, des Cultes et des Beaux-Arts, sur le projet d'élever une statue sur la place de la Sorbonne à Ulrich Gering, l'introducteur de l'imprimerie à Paris. *Paris, imprimerie Martinet*, 1879, gr. in-8°.

» de l'Institut, président de l'Académie des Inscriptions et » Belles-Lettres, et enfin sénateur (inamovible). Les lettres » lui ont porté bonheur. M. Laboulaye est auteur d'un grand » nombre d'ouvrages justement estimés. Au début de sa car- » rière, il fut tout de suite compris et protégé par M. Dupin. »

A partir de ce moment nous eûmes quelques rapports avec cet homme d'un rare mérite et d'une grande modestie. La première fois que nous le vîmes au Collège de France, nous ne l'avions pas revu depuis une quarantaine d'années. En nous regardant fixement, pendant un moment, il se mit à dire tout haut : « C'est bien la même figure d'autrefois », et il nous serra fortement la main.

En pénétrant dans sa bibliothèque, nous vîmes des livres partout, jusque sur les marches de l'échelle, et nous ne pûmes nous empêcher de lui rapporter la question que nous adressa un jour un savant bibliophile en entrant dans le cabinet qui précédait notre bibliothèque : « Comment, mon cher, vous y » retrouvez-vous? — C'est bien simple, je ne m'y retrouve » pas. » Et M. Laboulaye de reprendre tout aussitôt : « C'est » que, moi, je m'y retrouve. » Sa bibliothèque était un véritable enfouissement, car il conservait tout, ne détruisant absolument rien de tout ce qu'il recevait journellement.

Il avait une retraite aux portes de Versailles, et là encore il y avait beaucoup de livres. Il nous invita plusieurs fois à aller lui rendre visite. Malheureusement notre santé ne nous permit pas alors ce déplacement, même en chemin de fer.

Peu de temps après l'envoi de notre *Mémoire sur une Statue à élever à Gering*, il nous écrivit pour nous dire qu'il ferait volontiers partie du comité d'organisation, en nous offrant de suite sa souscription, que nous refusâmes, comme de raison, n'ayant, comme nous lui mandions, aucune qualité pour la recevoir.

Dans une conversation rétrospective, nous fûmes amené à lui rappeler nos relations avec feu M. Hortensius de Saint-Albin, conseiller à la Cour d'Appel. « Je le connais; c'est » lui, nous dit-il très finement, avec un certain air quelque » peu moqueur; c'est lui *qui a sauvé la vie* à la statue de » Malesherbes. »

Quelques jours avant sa mort, nous reçûmes encore de M. Laboulaye la lettre qu'on va lire, et pour l'intelligence de laquelle nous devons faire remarquer que nous nous empressâmes de nous mettre à sa disposition pour lui trouver un éditeur pour une nouvelle édition de ses *Institutes Coutumières* (voyez plus loin), et en le remerciant de son envoi des *Axiomes du Droit Français* de Catherinot, nous lui parlâmes de quelques brochures non décrites dans la *Bibliographie raisonnée des Écrits de Catherinot*, par M. Flach, qui fait suite. Quant à son expression : « Vivez cent ans puisque cela vous » fait plaisir », il formait ce vœu pour nous, parce que nous lui écrivîmes, en lui citant quelques exemples de longévité des bibliophiles. C'est probablement la dernière lettre qu'il a écrite, car elle est d'une quinzaine de jours avant sa mort.

Paris, 7 mai 1883.

Cher Monsieur et Ami,

J'espère que le printemps va vous rendre un peu plus de forces, et que vous pourrez visiter votre bibliothèque. C'est la consolation des vieillards. C'est aussi un grand embarras quand on a beaucoup de livres, et qu'on pense à déménager. Infirme comme je suis, je ne peux pas m'imposer au Collège de France, mais où me loger? Ou plutôt où loger mes bouquins? Je n'ai point de place à Versailles. J'ai l'envie de tout vendre et de ne garder que deux ou trois cents volumes. Mais quand il faudra choisir, mon cœur de père se fendra. Chacun de ces livres a son histoire, et cette histoire, c'est la mienne.

J'ai déjà reçu un certain nombre de lettres à propos de Catherinot; personne ne le connaissait. J'attends toujours que vous me retrouviez quelque chose, car il a dû laisser traîner quelque brochure inconnue. Mais on en connaît déjà assez pour s'intéresser à ce personnage original.

J'ai souvent pensé au Loisel-Laurière, épuisé depuis vingt ans, mais la position est singulière.

Loisel-Laurière a été édité par M. Dupin et par moi. Où sont les héritiers Dupin? Il y en a, je crois, trois ou quatre. Je ne puis les déranger pour si peu.

On nous a donné pour tous honoraires vingt-cinq exemplaires à chacun. Nous n'avions fait aucun acte. On peut dire que nous avions vendu notre travail, qu'on l'a payé, et qu'il appartient aux éditeurs.

Ces éditeurs étaient au nombre de quatre : Cotillon, Joubert (maison disparue), Videcoq (maison en faillite), et Durand; aucun d'eux ne peut se dire propriétaire, et personne ne se soucie de réimprimer le livre en question. Il faut donc renoncer à une nouvelle édition, j'entends à une réimpression de l'ancienne.

Si Dieu me prête vie (chose peu probable et peu désirable), je pourrais faire une édition nouvelle beaucoup plus *moderne*, et débarrassée d'une foule de citations inutiles; mais il faut garder ce rêve, pour m'imaginer que je suis encore bon à quelque chose. La vérité est que je m'endors avec mes livres, et que je ne suis plus bon à rien.

Restez jeune, mon cher ami, si vous en avez trouvé le secret. Pour moi, j'avais conservé la jeunesse d'esprit jusque dans ces derniers temps, mais je commence à m'ennuyer de mon impuissance. Je ne suis pas las de la vie, si l'on veut me laisser quelque activité; mais pour languir au coin du feu, j'en ai assez. Repos pour repos, je préfère le repos éternel.

Adieu, bien cher collègue et ami; je recevrai toujours vos lettres avec le plus grand plaisir. Les jeunes gens ne peuvent plus rien me dire, mais j'ai toujours plaisir à me retrouver avec les amis du passé. Par malheur, leur nombre s'éclaircit tous les jours. Défendez-vous contre les injures du temps, et vivez cent ans, puisque cela vous fait plaisir. Je vous le souhaite bien sincèrement.

Votre bien dévoué. ED. LABOULAYE.

Le déménagement en perspective dont nous parla M. Laboulaye nous remet en mémoire celui de M. Étienne Quatremère, savant orientaliste, qui avait installé une bibliothèque considérable dans un appartement qu'il habitait dans l'île Saint-Louis depuis bien des années. Ces livres, il les avait amassés un à un; ils étaient pour lui, comme pour M. Laboulaye, de véritables amis, les plus dévoués de tous. Pour une raison ou pour une autre, un beau jour le propriétaire lui signifia son congé. Force fut à notre savant bibliophile de déménager dans les limites d'usage. Il se réinstalla ailleurs, à grand'peine, et au bout de quelque temps il mourut de dépit, de chagrin, et de fatigue aussi, car on ne déménage pas une bibliothèque sans que cela ne tende l'esprit avant, pendant, et même après ce déplacement. Il faut tout remettre en place, le plus commodément que possible, tous ces *liures nouueaulx* tous ces *liures vielz et anticqves*, les classer, les ranger, de manière à les retrouver de suite quand on les cherche, en un mot, leur donner, dans un nouvel emplacement, leur ancienne physionomie. Tous les bibliophiles qui ont eu la douleur de passer par là savent que nous sommes dans le vrai (1).

En pénétrant pour la première fois dans le cabinet de M. Laboulaye, il nous a semblé le reconnaître. C'était celui qu'occupait le célèbre physicien Biot, à ce qu'il nous apprit de suite. C'était aussi là, dans la même grande pièce, que se trouvait la bibliothèque du célèbre physicien. On venait de terminer à l'imprimerie Huzard-Courcier l'impression d'une nouvelle édition (la quatrième) de la *Physique Mécanique*, traduite de l'allemand de Fischer (2). Nous savions qu'il avait le plus vif désir d'en avoir le premier exemplaire. Nous nous rendîmes chez le brocheur. La dernière feuille des titres et la couverture venaient d'arriver. Le tout était encore humide. Sur notre prière, on se mit de suite à en brocher un exemplaire, et nous allâmes le présenter à l'auteur, qui nous reçut, nous jeune homme, avec la plus grande bienveillance, et nous

---

(1) Un savant, dont les ouvrages font autorité dans l'archéologie, la peinture et la sculpture, M. Quatremère de Quincy, ne s'inquiétait guère, lui, d'un déménagement possible de ses livres. Vers la fin de sa carrière, ses grands travaux contribuèrent à lui tourner la tête, et il se mit, pendant l'hiver, à caler son bois de la cheminée avec des volumes in-folio, en guise de bûche de résistance ou économique. Quand on s'en aperçut enfin, il y avait déjà quelques semaines que cet *autodafé* durait : on le vit un jour qu'il avait oublié d'y mettre de la cendre, comme d'habitude. Il a ainsi dépareillé des ouvrages de prix et réduit en poussière une quantité d'autres, volume par volume.

(2) *Physique Mécanique*, par E. G. Fischer, traduite de l'allemand, avec des notes, et un Appendice sur les Anneaux calorés, la double Réfraction, la Calorisation de la Lumière et le Magnétisme, tant en repos qu'en mouvement, par M. Biot, membre de l'Institut de France. Quatrième édition, revue et augmentée, *Paris, Bachelier*, 1830, in-8° de xvj et 542 pages, avec douze planches se repliant. Dédié à son cher et illustre confrère M. Berthollet.

offrit sa protection. Jamais nous n'y avons eu recours, mais il mit à notre disposition, pour être inséré dans nos *Annales de la Typographie*, un article extrait du *Journal des Savants* sur la daguerréotypie, qui venait d'être découverte. Cet article, qui n'a pas pu, hélas ! être inséré à temps, contient de notables additions et changements.

Par la lecture de notre projet de monument à élever à la mémoire de Gering, M. Laboulaye apprit que nous nous occupions d'un grand ouvrage sur Sébastien Cramoisy et sa famille ; il s'empressa, à notre seconde entrevue dans son cabinet, de nous montrer le frontispice qui se trouve dans son exemplaire des *Ordonnances Royaux sur le Fait de la Juridiction de la Ville de Paris*, Paris, Rocolet, 1664, in-folio. Dans ce frontispice, gravé par Claude Mellan, on voit Séb. Cramoisy parmi les échevins de la ville de Paris. Nous connaissions cet ouvrage et la planche était déjà réduite et jetée sur bois par nos soins (1).

M. Laboulaye, dans une conversation intime, où il avait été

---

(1) Voici, d'après le Catalogue raisonné de Claude Mellan, par M. de Montaiglon, *Abbeville*, 1856, p. 166-167, n° 205, la description de la pièce gravée par ce maître, où se trouve la figure de Sébastien Cramoisy :

« Le jeune Louis XIV, en manteau fleurdelisé, avec les colliers » de ses ordres et un petit chapeau à plumes, est assis, à droite, » avec sa mère, Anne d'Autriche, sous un dais qui porte les armes » de la reine mère, celles de France et celles de la ville de Paris. » Il reçoit un livre de la main du prévôt des marchands, age- » nouillé comme les sept autres magistrats qui figurent dans cette » scène. Au bas, leurs armes, qu'on pourra voir dans l'*Armorial de* » *Paris*, de Chevillard, sont rangées dans l'ordre des personnages » dont elles donnent ainsi les noms : *Nic. Boucot, R. — Mar.* » *Lemaire, G. — Ger. Piettre, P. — Mre Macé le Boullanger, Pr. —* » *Séb. Cramoisy, Es. — Rem. Tronchot, Es. — Guill. Baillon, Es.*, » qui formaient le conseil en 1643. — Hauteur, 0^m,295 ; largeur » 0^m,246.

» Cette pièce a été gravée en 1643 pour être mise à la tête du » livre intitulé *Ordonnances Royaux sur le Fait de la Juridiction* » *de la Ville*, commencé d'imprimer en 1643 et achevé en 1644, par » Rocolet, ainsi qu'on l'apprend dans un avis étant à la tête du » livre. Messire Macé le Boullanger, prévost des marchands, Sébas- » tien Cramoisy, directeur de l'Imprimerie Royale, Jacques de » Monhers, échevins depuis 1641 jusqu'en 1643, Remy Tronchot et » Guillaume Baillon, échevins en 1642 ; Germain Piettre, procu- » reur de la ville ; Martin le Maire, greffier ; et Nicolas Boucot, » receveur, sont représentés dans cette pièce présentant au roi un » exemplaire dudit livre. Louis XIV est monté sur le trône en » may 1643, Sébastien Cramoisy et son collègue Monhers sortirent » de place en août 1643 ; par conséquent, la planche a dû être gravée » dans cet intervalle. » *Mar.* (*Mariette.*)

Leblanc s'est trompé en indiquant succinctement cette planche dans son *Manuel* (inachevé) *de l'Amateur d'Estampes*, en l'attribuant à Louis XIII.

question de notre notice sur Vivenel (1), nous a raconté une particularité concernant Boulard, ce fameux bibliotaphe, dont la maison de la rue Bonaparte, où se trouve aujourd'hui la poste, était comble de livres. Un jour, Boulard, qui était lié avec un proche parent de M. Laboulaye, M. Lefebvre, notaire à Paris, vint pour lui rendre une visite matinale. Il entre d'abord dans la loge du concierge, qui ne s'y trouvait pas.

Il monte chez son ami; à peine est-il dans le cabinet de M. Lefebvre, que le concierge arrive tout effaré. Il s'adresse discrètement au notaire, et lui demande s'il connaît bien le monsieur qui est avec lui en ce moment. — Parbleu! répondit le notaire, c'est mon meilleur ami, un ancien collègue à moi, un parfait honnête homme. — Ah! s'exclama le concierge, c'est que je vais vous dire : un locataire de la maison m'a prêté un volume, et je ne le trouve plus sur ma table où je l'avais laissé, et il n'y a que ce monsieur qui est entré dans ma loge. Comme cet ouvrage a plusieurs volumes, ça me met dans le plus cruel embarras vis-à-vis du locataire; non seulement c'est un volume qui va lui manquer, mais encore son ouvrage va se trouver décomplété. — Mon ami va partir tout à l'heure, suivez-le et montez en même temps que lui. Vous lui direz : Monsieur, je suis le concierge de M. Lefebvre, est-ce que vous n'auriez pas, par hasard, emporté un volume qui était sur ma table? Ce qui fut dit fut ponctuellement exécuté. — Attends! répondit maître Boulard, et, sans se déconcerter le moins du monde, il sortit le volume de l'une de ses grandes poches : Tiens! le voilà ton volume, et emporte-le bien vite, et il lui remit en même temps une pièce de cent sous pour son dérangement.

Ayant lu, avec le plus vif intérêt, les deux paragraphes qui terminent ses *Etudes Morales et Politiques*, LA MANIE DES LIVRES et SUR UN CATALOGUE, ce fut pour nous l'occasion d'écrire à M. Laboulaye une lettre d'une certaine étendue, sur quelques relieurs contemporains. Cette lettre l'intéressa beaucoup, et il nous engagea à la publier; notre premier jet n'était pas assez complet pour voir le jour.

Deux portraits de M. Laboulaye ont paru le 2 juin dernier : l'un, d'après une photographie de M. Appert, dans *Le Monde Illustré* du 2 juin 1883. Il est très ressemblant : c'est le type d'un homme à la fin de sa carrière, mais les traits nous paraissent un peu grossis. Il y a un texte de quelques lignes. L'autre, dans *L'Univers Illustré*, même date, d'après une photographie de M. Pirou, est plus jeune; il est sans texte (2).

---

(1) *Voy.* Notice bibliographique sur la bibliothèque de M. Vivenel, architecte entrepreneur général de l'Hôtel de Ville de Paris. *Paris, imprimerie Fournier et Cie*, 1845, gr. in-8° de 16 pages. — Extrait du *Journal des Artistes* des 6 avril et 11 mai 1845.

(2) Le premier portrait nous a été gracieusement communiqué par la librairie Furne, Jouvet et Cie; il est dû au burin de M. Levasseur

Suivant la dernière et expresse volonté de M. Laboulaye, personne n'a tenu les cordons du poêle, l'on n'a dit qu'une messe basse, et la famille a refusé les honneurs militaires; aucun discours n'a été prononcé sur sa tombe. Ses obsèques ont eu lieu le 28 mai dernier, en l'église de Saint-Etienne-du-Mont, sa paroisse, trop petite pour contenir la foule considérable qui voulait rendre un dernier hommage à un homme de bien. Cette foule recueillie suivit le cortège jusqu'au Père-Lachaise.

M. Laboulaye est mort comme il a vécu pendant sa vie tout entière, en chrétien sincère et ferme dans la foi de ses pères.

Nous ne terminerons pas la notice nécrologique que nous venons de consacrer à la mémoire de M. Laboulaye sans indiquer une publication de sa femme.

En 1880 a paru chez Téqui, imprimeur-libraire, la deuxième édition, in-18 jésus, d'un ouvrage rempli de cœur et de patriotisme, la *Vie de Jeanne d'Arc*, cette héroïne inspirée qui a sauvé la France.

Ce volume, composé de 150 pages, fait partie de la collection Saint-Michel.

Il est précédé d'une approbation de l'évêque de Verdun et d'une lettre de l'évêque d'Orléans, adressée à l'auteur le 20 novembre 1876, dont voici le début :

Madame,

Je viens d'achever la lecture de votre *Vie de Jeanne d'Arc*, et je m'empresse de vous en adresser mes plus sincères compliments avec mes félicitations.

Même après tant de travaux qui ont paru sur ce grand et beau sujet, votre livre vient avec un mérite et un à-propos que je suis heureux de signaler, et qui le recommande vivement à la religieuse curiosité et à l'intérêt de vos jeunes lectrices.

Il nous manquait jusqu'ici un livre simple et populaire, d'une lecture attrayante et facile, débarrassé de cet appareil d'érudition, lequel rebute quelquefois les plus sérieux lecteurs, et qui traçât néanmoins de la vierge de Domrémy un portrait vrai et fidèle; si délicat et si exquis, qu'il pût répondre aux exigences les plus rigoureuses de la critique et en même temps charmer les cœurs.

Cette lacune, Madame, grâce à votre travail, est remplie maintenant. Vous nous avez donné ce qui nous manquait; et cette tâche, vous l'avez accomplie avec un bonheur d'exécution qui en rehausse le prix et en assurera le succès.....

---

et fait partie des *Nouveaux Contes Bleus*. Cette importante librairie a bien voulu mettre à notre disposition l'acier sur lequel M. Chardon, notre habile imprimeur en taille-douce, a fait le tirage. De son côté, M. Calmann Lévy a eu l'extrême obligeance de mettre à notre disposition le portrait qui se trouve en second de la présente notice. Et nous nous empressons de les remercier, l'un et l'autre, au nom des nombreux amis de M. Edouard Laboulaye et au nôtre.

NOTE SUR L'ALBUM EXÉCUTÉ EN 1840.

C'est à l'occasion de cette fête séculaire que nous avons réuni à Paris les éléments (une petite partie seulement par M. Silbermann) pour former un album, donnant l'état des arts graphiques en 1840. L'Imprimerie Royale, sous la direction du poète Lebrun, qui finit ses jours à Provins (Seine-et-Marne), lieu de sa naissance, se fit beaucoup tirer l'oreille pour y prendre une place pour ses caractères exotiques, et elle n'y consentit qu'en nous demandant tous les frais d'avance, composition et tirage. La partie que nous avons consacrée à ce grand établissement est intitulée : SPÉCIMEN DES CARACTÈRES ETRANGERS DE L'IMPRIMERIE ROYALE DE FRANCE, et forme neuf feuillets, plus le titre. Notre spécimen artistique, imprimé en or et couleur avec un soin extrême, a pour titre : Album Typographique, publié à l'occasion de la quatrième fête séculaire de l'invention de l'Imprimerie. *A Strasbourg, de l'Imprimerie de G. Silbermann*, 24 juin 1840, gr. in-4°. Les caractères français débutent par la page que nous reproduisons en son entier.

FONDERIE PAR PROCÉDÉ MÉCANIQUE

(PROCÉDÉ LEDOUX)

DE LABOULAYE FRÈRES ET Cie,

Paris, rue Saint-Hyacinthe-Saint-Michel, 33.

—

« Depuis l'invention de l'Imprimerie, l'art de fondre les » caractères est en quelque façon resté stationnaire, et après » plusieurs essais coûteux tentés sans succès pour fondre » d'un seul jet un certain nombre de lettres à la fois, on est » revenu à l'ancien procédé de fondre isolément chaque » lettre. Le peu de solidité des caractères obtenus par ces » essais, les soufflures qu'on a vainement cherché à éviter, » ont déterminé ce retour aux anciens usages.

» Aujourd'hui, et après des recherches qui ont coûté vingt » années de travail et de dépenses, après des tentatives mul- » tipliées et enfin justifiées par l'expérience depuis les der- » niers perfectionnements, nous sommes parvenus à fabriquer » mécaniquement des caractères remplissant toutes les condi- » tions désirables.

» Solidité du métal, profondeur de l'œil, qui ne présente » aucune soufflure, cadrats d'une largeur indéterminée, » espaces les plus fines possible, interlignes de dix pouces

» de longueur d'une perfection remarquable, rapidité dans » l'exécution, bon marché résultant de l'économie et de la » simplicité du procédé, tels sont les avantages du procédé » auquel M. Ledoux a attaché son nom, et dont nous sommes » aujourd'hui les possesseurs.

» Ce qu'il y a de précieux du reste dans cette découverte, » c'est que, à la différence des autres machines, elle ne menace » pas brusquement l'ouvrier d'une cessation de travaux ; la » fonderie ordinaire est tellement lente, et, par sa lenteur, » tellement en arrière des besoins qui naissent chaque jour, » qu'une accélération dans les procédés et une baisse minime » dans le prix suffiraient seules pour doubler et au delà la » production des caractères. L'avenir des ouvriers fondeurs » est donc pour longtemps assuré.

» Disons enfin que cette découverte est toute française, » A cet égard, la priorité est incontestable et incontestée.

» La France seule, dans cette solennité séculaire de l'im- » primerie, a droit de prendre date pour cette innovation d'un » si bel avenir.

» LABOULAYE FRÈRES ET Cie. »

M. Ledoux, dont il vient d'être question dans la page de MM. Laboulaye frères, était un banquier qui avait ses bureaux sur la place de l'École-de-Médecine, maison occupée aussi par un notaire. Elle a disparu lors de la transformation de ce quartier. M. Ledoux a consacré une somme considérable pour faire *marcher* ce moule (on parle de 100,000 francs). Comme il était très avare, il occupait une place au Ministère des Finances, où l'on chauffait *à blanc* presque en toutes saisons. Or, en sortant de là, par un rude hiver, il fut *empoigné* par une fluxion de poitrine, et passa bien vite de vie à trépas, et cette mort créa une très belle position à un fils de Crapelet, car sa veuve avait promis de l'épouser à la mort de son mari et tint parole. Mme Ledoux était une fille de Ratier, le célèbre et primitif fabricant de l'industrie du caoutchouc et de ses nombreuses et ingénieuses applications.

Plus tard, le moule qui portait le nom de *Ledoux* fut exploité par Bailleul, dans une maison appartenant au premier, dans la rue des Boucheries-Saint-Germain, rue totalement disparue encore pour contribuer à l'alignement de cette belle voie qui se nomme *boulevard Saint-Germain*.

En 1861, M. Laboulaye eut le malheur de croire à l'innocence, à la non-culpabilité du fameux déprédateur Libri. Comme plus tard il a dû en souffrir ! Il n'était pas le seul à vouloir le blanchir : on se rappelle les noms de Mérimée, qui fut même condamné à la prison pour avoir attaqué le Tribunal qui eut la *cruauté* de condamner Libri. Après Laboulaye et

Mérimée, on trouve Guizot, son protecteur, Jubinal, qui crut longtemps à son innocence, le bibliophile Jacob (Paul Lacroix), qui le défendit avec une ténacité à nulle autre pareille, Téchener père et Silvestre, et même le nonogénaire Crétaine, et quelques autres encore.

Son père, Libri-Bagnano, un nom prédestiné, avait déjà été condamné pour faux : *les bons chiens chassent de race.* Il a cherché en vain à se justifier, après s'être enfui en Hollande, par la publication d'un mémoire formant un volume in-octavo.

BIBLIOGRAPHIE

DE PRESQUE TOUS

LES OUVRAGES DE M. ÉDOUARD LABOULAYE[1],

PAR ORDRE CHRONOLOGIQUE.

I.

Histoire du Droit de Propriété Foncière en Occident. — *Paris, Batignolles-Monceaux, imprimerie Desrez, chez l'auteur, rue Saint-Hyacinthe-Saint-Michel, 35 : chez Durand, chez Remmelmann, 1839, in-8° de 544 pages.* — A été couronné par l'Académie des Inscriptions et Belles-Lettres dans sa séance du 20 août 1838. Ce premier ouvrage de ce fécond écrivain, d'une érudition facile et variée, porte modestement sur le titre: *Fondeur en caractères,* profession qu'il exerça fort peu de temps, concurremment avec son frère, M. Charles Laboulaye, qui continua seul cette industrie pendant de longues années. — Notre exemplaire porte un *ex dono* de l'auteur. A la vente de la Bibliothèque de M. Laboulaye, il s'est trouvé un exemplaire préparé pour une nouvelle édition.

De l'Enseignement du Droit en France et des Réformes dont il a besoin. *Batignolles-Monceaux, imprimerie Desrez, Paris, Durand,* 1840, in-8° de 70 pages.

Notice historique sur M. le duc de Blacas, par le vicomte de La Boulaye. — *Paris, impr. Ad. Leclère,* 1840, in-8° de 36 pages. — Mort à Vienne (Autriche), le 19 novembre 1839. — M. de Blacas était né à Avignon, le 12 janvier 1771.

Essai sur la vie et les doctrines de Frédéric-Charles de Savigny. — *Paris, Durand,* 1842, in-8° de 80 pages. — Prix : 2 fr. — Dans cet ouvrage, l'auteur montre toute l'importance de l'école historique. — Imprimé d'abord dans le *Droit* des 19 et 22 décembre 1841.

---

1. Cette bibliographie devait naturellement faire suite à la biographie; mais son étendue y a mis obstacle, en l'empêchant de paraître à la fin du second et dernier article consacré à la mémoire de M. Édouard Laboulaye.

Recherches sur la condition civile et politique des femmes, depuis les Romains jusqu'à nos jours. — *Paris, Durand, Joubert, Brockhaus et Avenarius*, 1843, in-8° de 396 pages. — Ouvrage couronné par l'Académie des sciences morales et politiques.

De l'Enseignement et du Noviciat administratif en Allemagne. — *Paris*, 1843, in-8° de 99 pages.

De l'Église catholique et de l'État, à l'occasion des attaques dirigées contre les articles organiques du Concordat de 1801. — *Paris*, 1845, in-8° de 55 pages.

Quelques réflexions sur l'enseignement du droit en France, à l'occasion des réponses faites par les Facultés, proposées par M. le ministre de l'instruction publique. — *Batignolles, impr. d'Hennuyer*, 1845, in-8° de 80 pages.

Testament de Dasumius. — *Paris*, 1845, in-8° de 68 pages.

Ant. Loisel. Institutes coutumières, avec les notes d'Eusèbe de Laurière. Nouvelle édition, revue, corrigée et augmentée par M. Dupin et par M. Ed. Laboulaye. — *Paris, Videcoq*, 1846, 2 vol. in-12. — M. Laboulaye a ajouté quelques notes manuscrites à son exemplaire. *Voyez* le *Cat. de sa Bibl.*, n° 905.

Glossaire de l'ancien droit français, contenant l'explication des mots vieillis ou hors d'usage qu'on trouve ordinairement dans les coutumes, les ordonnances de notre ancienne jurisprudence, avec M. Dupin. — *Paris, Aug. Durand et Videcoq*, 1846, in-18 de 144 pages. — A la vente de la bibliothèque de M. Laboulaye s'est trouvé un exemplaire, sous le n° 824, couvert de ses annotations manuscrites.

La chaire d'histoire du droit et le concours. — *Batignolles, impr. Hennuyer*, 1847, in-8° de 38 pages. — Extrait de la *Revue de Législation*.

Considérations sur la Constitution. — *Paris, Durand, Franck*, 1848, in-18 de 204 pages. — Extrait de la *Revue de Législation*, nouvelle série, t. XI, juillet 1848.

De la constitution américaine et de l'utilité de son étude. Discours prononcé le 4 décembre 1849, à l'ouverture du cours de législation comparée. — *Batignolles, impr. Hennuyer*, in-8° de 28 pag. — Extrait de la *Revue de Législation et de jurisprudence*, numéro de décembre 1849.

Locke, législateur de la Caroline. — *Batignolles, impr. Hennuyer*, in-8° de 32 pages. — Extrait de la *Revue de Législation et Jurisprudence*, mars 1850, article tiré d'une des leçons faites au Collège de France sur l'*Histoire de la Constitution des États-Unis.*

Le droit au travail à l'Assemblée nationale. Recueil complet de tous les discours prononcés dans cette mémorable discussion, par MM. Fresneau, Hubert Delisle, Levet, Cazalès, Lamartine, Gaultier de Rumilly, Pelletier, A. de Tocqueville, Ledru-Rollin, Duvergier de Hauranne, etc. (Texte revu par les orateurs), suivi de l'opinion de MM. Marrast, Proudhon, L. Blanc, Ed. Laboulaye et Cormenin, avec des observations inédites par MM. Léon Faucher, Wolowski, Fréd. Bastiat, de Parieu, et une introduction et des notes par M. Joseph Garnier. — *Saint-Germain-en-Laye, impr. Beau. Paris, Guillaumin*, 1851, in-8° de 480 pages.

La Révolution française, étudiée dans ses institutions. Discours par M. Ed. Laboulaye, membre de l'Institut, etc. — *Batignolles, impr. Hennuyer*, 1851, in-8° de 24 pages.

La revision de la Constitution. Lettre à un ami. *Batignolles, impr. Hennuyer, Paris, Durand*, 1851, in-8° de 128 pages.

Note de quelques ordonnances qui ne sont pas dans le Recueil du Louvre. — *Paris, impr. Lahure*, 1853, in-8° de 16 pages. — Lettre imprimée à 50 exemplaires, signée Ed. Laboulaye.

Études contemporaines sur l'Allemagne et les pays slaves. — *Paris*, 1854, in-18 jésus de 384 pages. — 3 fr. 50. — Extrait de la *Revue Germanique*. — La 2e édition parut en 1855; la 3e, dans la Bibliothèque Charpentier en 1871; elle renferme : Le partage de la Pologne. — George Ier et Kossuth. — Les Serbes. — Les Albanais. — Les Rodowitz. — Gervinus, etc., etc. — La 4e, en 1873.

Institut impérial de France. Académie des inscriptions et belles-lettres. Discours de M. Laboulaye, vice-président de l'Académie, prononcé aux funérailles de M. le baron Barchou de Penhoën, à Saint-Germain-en-Laye, le mercredi 1er août 1855. — *Paris, impr. Firmin Didot*, 1855, in-4° de 4 pages.

Histoire politique des États-Unis, depuis les premiers essais de colonisation, jusqu'à l'adoption de la constitution fédérale, 1620-1789, par Édouard Laboulaye, professeur de législation comparée au Collège de France, membre de l'Institut. Tome Ier. *Histoire des Colonies*. — *Paris, imp. Lahure, libr. de Durand, Guillaumin*, 1855, in-8° de 560 pages. — « L'ouvrage a été annoncé en 3 volumes. Le 2e vol. contient l'*Histoire de la Révolution*, 1761-1787; le 3e l'*Histoire de la Constitution*, 1787-1789. — Chaque volume se vendait séparément. — En 1868, parut la 3e édition dans la Bibliothèque Charpentier, également en 3 volumes, ensemble de XLIII et 1414 pages. — En 1871, parut une édition, également en 3 vol., chez le même éditeur.

Mémoire à consulter et consultation pour les héritiers Pescatore. — *Batignolles, impr. Hennuyer*, in-4° de 144 pages. — « Signé : Édouard Laboulaye, ancien avocat à la cour impériale de Paris, professeur de législation comparée au Collège de France, membre de l'Institut. La première partie de ce mémoire a pour titre : Histoire de la législation des mariages clandestins en France et en Espagne. *Voyez* n° 6013 de la *Gazette des Tribunaux* du 12 juillet 1856, affaire Pescatore. Une autre note sur cette affaire, in-4° de 20 pages, *impr. Malteste, à Paris*, est signée par MM. Odilon Barrot, Bethmond, Marie, Chaix d'Est-Ange et C. Démolombe. Un autre écrit sous le titre : *Avis*, traduit de l'espagnol, et relatif à la validité du mariage contracté en Espagne entre M. Pescatore et Mme Weber, in-4° de 12 pages, a été également imprimé chez Malteste. »

Mémoire à consulter et consultation pour les héritiers Pescatore, 2e édition, revue et augmentée. — *Batignolles, impr. Hennuyer*, in-4° de 96 pages. — Signé : Ed. Laboulaye, ancien avocat à la cour impériale de Paris, professeur de législation comparée au Collège de France, membre de l'Institut. — *Affaire Pescatore*. Opinion de M. Bugnet, professeur à la Faculté de droit de Paris, in-4° de 6 pages. — Impr. de Malteste, à Paris. *Consultation* de Mme Ve Pescatore. In-4° de 32 pages. — Impr. de Malteste à Paris. — Paris, le 25 août 1856. Signé : A. Mathieu, avocat. — *Tribunal civil de la Seine*, audience du 27 août 1856. Plaidoyer de Me Chaix d'Est-Ange, avocat de Mme Pescatore. In-8° de 32 pages. — *Impr. de Guyot à Paris*. — Le jugement rendu dans cette affaire est inséré dans la *Gazette des Tribunaux* du 28 août 1856.

Les Tables de bronze de Malaga et de Salpesa. — *Batignolles, impr. Hennuyer; Paris, Durand*, 1856, in-8° de 25 pages. Extrait de la *Revue historique du droit français et étranger*. — « Dans cet opuscule, M. Laboulaye met en doute, par des raisons habilement déduites, l'authenticité des tables en question, récemment découvertes, qui avaient paru, à divers savants, devoir jeter un jour tout nouveau sur l'organisation des municipes dans l'Empire romain. » — *Biog. gén. de Didot*.

Institut impérial de France, Académie des Inscriptions et Belles-lettres. Séance annuelle du vendredi 8 août 1856, présidée par M. Édouard Laboulaye, président. — *Paris, impr. F. Didot*, 1856, in-4° de 24 pages.

Institut impérial de France. Séance publique annuelle de l'Académie des inscriptions et belles-lettres, présidée par M. Laboulaye, président. — *Paris, impr. Firmin Didot*, 1856, in-4° de 108 pages.

Souvenirs d'un voyage. Nouvelles. — *Paris, impr. Lahure, libr. L. Hachette et Cie*, 1858, in-18 de VI et 230 pages. — 1 fr. — Renferme : D. Marina. — Le Jasmin de Figline. — Le Château de la Vie. — Jodocus. — Don Ottavio. — Collection de la Bibliothèque des chemins de fer. — En 1869, parut une édition chez Charpentier, in-18 jésus, une 4me en 1871, et une 5me en 1876, chez le même. — 3 fr. 50.

La Liberté religieuse. — *Paris, impr. Bourdier, librairie Charpentier*, 1858, in-18 jésus de XXXIV et 435 pages. — 3 fr. 50. — Extrait de la *Revue germanique*. — Études qui ont paru séparément dans le *Journal des Débats*. — La 3me édition parut en 1866, et la 4me dans la Bibliothèque Charpentier en 1871.

Charles Lenormant, par Édouard Laboulaye. — *Paris, impr. Bourdier et Cie*, 1861, grand in-8° de 20 pages. — Extrait de la *Revue Nationale*.

La propriété littéraire au XVIIIe siècle. Recueil de pièces et documents publié par le comité de l'association pour la défense de la propriété littéraire et artistique, avec une introduction et des notes par MM. Ed. Laboulaye, de l'Institut (Inscriptions et Belles-Lettres), G. Guiffrey, avocat à la cour impériale de Paris. — *Paris, Hachette et Cie*, 1859, in-8° de XXVIII (faux-titre et titre non compris) et 629 p. Cet ouvrage, de la plus grande importance pour la propriété littéraire, débute par une introduction et par le Règlement sur la Librairie et l'Imprimerie de 1723, reproduit en 1744, dans l'excellent *Code de la Librairie* de Saugrain. Puis le Mémoire de L. d'Héricourt au garde des sceaux (1725), concernant l'imprimerie et la librairie ; les Représentations des Libraires de Paris à M. de Sartine sur l'état de la librairie (1764). — Arrêts du Conseil d'État du Roi concernant la Librairie et l'Imprimerie (1777). — Requête au Roi et consultations pour la librairie et l'imprimerie de Paris au sujet des deux arrêts du 30 août 1777 (1777-1778). — Opinion de Linguet touchant l'arrêt sur les Privilèges. — Lettres à un ami par l'abbé Pluquet (1778-1779). — Arrêt du Règlement sur les privilèges et les contrefaçons (1778). — Lettres du libraire Leclerc à M. de Néville, directeur de la Librairie (1778). — Procès-verbaux des séances du Parlement (23 avril, 10, 27 et 31 août 1779 (concernant la Librairie). — Procès-verbal de ce qui s'est passé au Parlement touchant les six arrêts du Conseil du 30 août 1777 concernant la Librairie avec les comptes rendus à ce sujet. — Mémoire des Libraires au garde des sceaux. — Décret de la Convention Nationale (1793). — Appendice (Extraits des procès-verbaux de l'Académie française, séance du 7 février 1778. — Nouvelle édition en 1860, chez le même, in-8° de XXXIII et 632 pages.

Abdallah, ou le Trèfle à quatre feuilles, conte arabe. — *Paris, impr. Lahure et Cie, Hachette,* 1859, in-18 de 296 pages. — 2 fr. — Bibliothèque des chemins de fer. — La 4me édition se trouve dans la Bibliothèque Charpentier. — Nouvelle édition chez Charpentier en 1878, in-18 jésus de IV et 354 pages. — 3 fr. 50. — 8me édition en 1882.

Études morales et politiques. — *Paris, impr. Bourdier et Cie, libr. Charpentier,* 1862, in-8° de VIII et 391 pages. — La 2me édition, in-18 jésus de VIII et 391 pages, a paru chez le même en 1864. — 3 fr. 50. — La 3me édition parut en 1866. — La 4me édition en 1871, in-18 jésus de VIII et 387 pages. — 3 fr. 50. — Réunion intéressante, dédiée à son ami M. de Sacy. « Permettez-moi, lui dit-il, de vous dédier ces pages où votre nom revient plus d'une fois. Ne les lisez point ; je ne suis point un classique, et ne veux point troubler de douces habitudes, mais gardez ce volume dans un coin de votre bibliothèque comme le souvenir d'un compagnon d'armes et d'un ami. Depuis dix ans, enrôlé sous votre drapeau, je suis resté fidèle à notre mot d'ordre : Évangile et Liberté. Plus j'avance dans la vie, plus cette devise me console et me soutient, plus j'essaye de faire partager notre commun espoir à ceux qui m'écoutent ou me lisent. C'est à ce titre, mon cher de Sacy, que j'ose vous offrir ce livre, et que j'ai la hardiesse de dire, en me cachant derrière Cicéron : *Vale et me ama.* 20 juin 1862. » — L'avant-dernier chapitre traite de *La manie des livres à propos d'un catalogue,* et ce catalogue, hélas ! est celui de la vente annoncé par le *fameux* Libri, à Londres en 1859. C'est là tout le sujet de ce chapitre et M. Laboulaye ne tarit pas sur les vertus et la science (passe pour celle-là) de notre larron. Comme cet honnête homme (M. Laboulaye, s'entend) a dû souffrir, quelques semaines avant sa mort, en présence des révélations si piquantes venant d'outre-Manche ! Ce dernier chapitre, nous l'acceptons celui-là de grand cœur : sur un catalogue. C'est la remarquable bibliothèque que M. Ch. Giraud a été obligé de livrer aux enchères et de vendre relativement pour rien en ce temps-là. C'était un galant homme, que ce bibliophile, mais terriblement besogneux.

La bibliothèque de M. Charles Giraud, vendue quelque dix ans plus tard, eût atteint un chiffre autrement important. — Feu M. Ambroise Didot nous disait souvent : « Ah ! si la bibliothèque de mon père était vendue aujourd'hui, quelle différence dans les prix », et il soupirait toujours en terminant sa phrase.

Les États-Unis et la France. — *Paris, imp. Hennuyer, libr. Dentu,* 1862, in-8° de 72 pages.

Paris en Amérique, par le docteur René Lefebvre, Parisien. — *Paris, Charpentier,* 1863, in-12. — Souvent réimprimé. La dernière édition porte le nom de M. Laboulaye, à côté du (soi-disant) pseudonyme. Ce n'est pas un pseudonyme, puisque c'est la moitié des noms de M. Laboulaye. — La 24me édition, annoncée dans la Bibliothèque Charpentier en 1871, porte par le Dr R. L. (René Lefebvre). — La 9me parut en 1863, comme publication de la *Revue Nationale.* — Bibliothèque Charpentier. — 24me édition par le Dr R. L. — *Corbeil, impr. Crété : Paris, libr. Charpentier,* 1869, in-18 jésus de 396 pages. — 3 fr. 50. B. Charp. — En 1876

25me édition. *id.*, *ibid.*, 3 fr. 50. B. Ch. — En 1871, 27me édition: *Corbeil, impr. Creté fils; Paris, libr. Charpentier*, in-18 jésus de 396 pages. — 3 fr. 50.

L'État et ses limites, suivi d'essais politiques sur Alexis de Tocqueville, l'instruction publique, les finances, le droit de pétition, etc. *Paris, impr. Bourdier et Cie; libr. Charpentier*, 1863, in-8° de VIII et 394 pages. — En 1864, parut également chez Charpentier une édition in-18, et la 4me chez le même en 1871. Elle renferme: La liberté antique et la liberté moderne. — Alexis de Tocqueville. — L'instruction publique et le suffrage universel. — Le droit de pétition suivant la constitution de 1852. — La question financière. — La France en Amérique. — Les Etats-Unis et la France. — Pourquoi le Nord ne peut accepter la séparation. — En 1864 parut la 3me édition. Publication de la *Revue Nationale*. — La 4me édition en 1868, in-18 jésus de VIII et 392 pages. — 3 fr. 50.

La liberté antique et la liberté moderne, par Édouard Laboulaye, de l'Institut. — *Paris, impr. Bourdier et Cie*, in-18 jésus de 24 pages. — Extraits de la *Revue Nationale*. — 4me édition. *Paris, impr. Bourdier, Capiomont et Cie; libr. Charpentier*, 1869, in-18 jésus de XXX et 435 pages. — 3 fr. 50. — Bibliothèque Charpentier.

Contes bleus, dessins de Yan D'Argent — *Paris, impr. Raçon et Cie, libr. Furne et Cie*, 1863, gr. in-8° de 378 pages. — Cette édition renferme 130 compositions dans le texte par Henri Pille et Henri Manesse, avec le portrait de l'auteur, gravé sur acier. — Contient: Yvon et Finette. — La bonne femme. — Poucinet. — Contes bohêmes. — Les trois citrons. — Pif paf. — Une édition illustrée parut également en 1868, *impr. Lahure et Cie*, de même qu'en 1883 chez *Ducrocq*, avec 60 vignettes par Boilvin.

Libri n'est pas contumax. Consultation de H. Cellier sur la pétition adressée au Sénat, suivie de l'adhésion de M. Ed. Laboulaye. — *Paris*, 1861, broché, in-8°. — Malheureux plaidoyer en faveur de ce déprédateur. — Le P. Cahier, aussi modeste que savant, croyait aussi à l'innocence de Libri, et il eut beaucoup de chagrin de voir qu'il s'était, lui aussi, si cruellement trompé sur le compte de ce savant mathématicien.

Article de M. Édouard Laboulaye, membre de l'Institut, sur la Bibliothèque classique des Célébrités contemporaines. — *Saint-Denis, impr. Moulin*, in-8° de 8 pages. — *Journal des Débats*, extrait du numéro du jeudi 2 août 1860.

Études morales et politiques, par Édouard Laboulaye, membre de l'Institut. *Paris, impr. Bourdier, libr. Charpentier*, 1862, in-8° de VIII et 391 pages.

Les États-Unis et la France, par Édouard Laboulaye, professeur au Collège. *Paris, impr. Hennuyer, libr. Dentu*, 1862, in-8° de 72 pages.

Le parti libéral, son programme et son avenir; par Édouard Laboulaye, de l'Institut. — *Paris, impr. Bourdier et Cie, libr. Charpentier*, 1863, in-18 jésus de XV et 332 pages. — Publication de la *Revue Nationale*. Bibliothèque Charpentier. — Il y eut sept éditions. Celle-ci, 1871, également dans le format in-18 jésus. — 3 fr. 50. — La 8me a été revue et augmentée; parut en même temps, 1871, chez le même.

Contes bleus, nouveaux contes bleus, derniers contes bleus. — Dans le catalogue de la libraire Furne (Jouvet et Cie), de février 1884.

on lit à la page 26 : — Contes bleus. *Quatrième édition*, 1 beau volume in-8° raisin, illustré de plus de 200 gravures par Yan Dargent, gravées par les meilleurs artistes. Prix : 10 fr. — Nouveaux contes bleus. *Quatrième édition.* Même format, avec 120 gravures par le même, et un magnifique portrait gravé sur acier. — Prix : 10 fr. — Derniers contes bleus, même format, illustré de 149 dessins par H. Pille et H. Scott, et 10 eaux-fortes hors texte, dessinées par H. Pille, et gravées par H. Manesse, et le portrait de l'auteur gravé sur acier. — Prix : 12 fr.

Les chansons populaires et les peuples slaves. Conférence tenue dans la salle Barthélemy, le 17 février 1864. — *Paris, impr. Bourdier et Cie*, 1864, in-8° de 19 pages.

Histoire des États-Unis depuis les premiers essais de colonisation jusqu'à l'adoption de la constitution fédérale. — *Paris, Charpentier et Cie*, t. II et III (dernier), 1866, 2 vol. in-8° jésus ensemble de XLII et 1497 pages. — Tome II, Histoire de la Révolution. — Tome III. Histoire de la Constitution. — La même. 2me édition. — *Paris, Charpentier*, 1866, 3 vol. in-18 jésus de XLII et 1497 pages. — *Paris, Bourdier et Cie; libr. Charpentier.* Chaque volume séparément, 3 fr. 50. — Bibliothèque Charpentier. — En 1870, 4me édition. — *Paris, impr. Viéville et Capiomont; libr. Charpentier*, 3 vol. in-18 jésus de XLII et 1498 pages. Chaque vol. 3 fr. 50. — Bibliothèque Charpentier.

Essais de morale et d'économie politique de Benjamin Franklin, traduits de l'anglais et annotés par Édouard Laboulaye. — *Paris*, 1867, in-18. — La 2me édition en 1869. — *Coulommiers, impr. Moussin; Paris, Hachette*, in-18 jésus de 252 pages. Littérature contemporaine. — La 3me édition parut en 1872 et a été imprimée chez Moussin à Coulommiers. C'est également, comme de raison, la maison Hachette qui en est l'éditeur. Le format est in-18 jésus de 348 pages. Sur le titre on lit : par Édouard Laboulaye, de l'Institut et des sociétés historiques de New-York et de Massachusetts. Épigraphe : *Eripuit cœlo fulmen sceptrumque tyrannis* (1). — L'introduction de M. Laboulaye, qui forme une quinzaine de pages, est datée de Glatigny-Versailles le 15 novembre 1866. — La cinquième édition parut en 1883, in-18 jésus de 348 pages. Elle sort des presses de Brodard à Coulommiers et fait partie de la Bibliothèque populaire de Hachette et Cie.

Nouveaux contes bleus. — Briam le fou. — Petit homme gris. — Deux exorcistes. — Zerbin. — Pacha-Berger. — Perlino. — Sagesse des nations. — Château de la vie. Dessins de Yan Dargent. — *Paris, impr. Raçon et Cie; Furne-Jouvet et Cie*, 1867, in-8° de 377 pages. — La même édition. *Paris, Charpentier*, 1874, in-12. — En 1877, la 2me édition. *Paris, impr. Capiomont et Renault : libr. Charpentier*, 1877, in-18 jésus de 326 pages, avec le portrait du petit-fils de l'auteur. — 1 fr. 50. — Bibliothèque Charpentier. — Nouvelle édition en 1874.

Abdallah, ou le Trèfle à quatre feuilles, conte arabe : suivi de Aziz et Aziza, conte des Mille et une nuits, 2me édition ornée du portrait de l'auteur. — *Paris, Charpentier*, 1868, in-18 jésus. — La 3me édition parut en 1868, in-8° de 320 pages, *imp. Raçon et Cie. libr. Charpentier.* — 3 fr. 50. — Bibliothèque Charpentier. — La

(1) Cette épigraphe se trouve sur le revers d'une médaille consacrée à la mémoire de Franklin, et fait, comme on sait, allusion à son invention du paratonnerre

4me édition annoncée chez le même en 1871. — En 1874, 5me édition ornée du portrait de l'auteur. — *Paris, impr. Raçon et Cie, libr. Charpentier et Cie*, in-18 jésus de IV et 154 pages. — 3 fr. 50, chez les mêmes.

Le prince Caniche. *Paris, Charpentier*, 1868, in-18 jésus. Ce roman allégorique impressionna vivement. — 14me édition. *Paris, impr. Raçon et Cie: libr. Charpentier*, 1869, in-18 jésus de 320 pages. — 3 fr. 50. Bibliothèque Charpentier. — En 1870, 15me édition. — *Paris, impr. Raçon et Cie; libr. Charpentier*, in-18 jésus de 320 pages. — 3 fr. 50. — Bibl. Charp. — En 1871, 16me édition. *Id., ibid.* — En 1874, 17me édition. *Id., ibid.*

La liberté religieuse. — *Paris*, 1868, in-12. Première édition.

Discours populaires. — Droit de réunion. — Éducation. — Bibliothèque Franklin. — Quesnay. — Horace. — Rhétorique populaire. — *Paris, impr. Raçon et Cie; Charpentier et Cie*, 1869, in-18 jésus de VII et 583 pages. — 3 fr. 50. Bibliothèque Charpentier. — 1870. *Id., ibid.*

L'Amérique actuelle, par Émile Jouveaux, précédé d'une introduction par Édouard Laboulaye. — *Paris, Charpentier*, 1869, in-12.

L'Évangile de la bonté. — *Paris, J. Cherbuliez*, 1869, in-12.

La République constitutionnelle. — *Paris, impr. Raçon et Cie; Charpentier*, 1871, in-18 jésus de 33 pages. — 50 c.

Lettres politiques. Esquisse d'une constitution républicaine, suivie d'un projet de constitution par Édouard Laboulaye, député de la Seine. — *Paris, impr. Lahure; libr. Charpentier*, 1872, in-8° de 111 pages. — 2 fr.

Et. Baudry. La fin du monde, préface de Ed. Laboulaye. — *Paris, E. Dentu*, 1872, in-12.

Élections du 27 avril 1873 : Aux Parisiens, lettre au directeur du *Journal des Débats*, par Ed. Laboulaye. — *Paris, impr. Claye*, in-8° de 4 pages

Discours sur l'éducation du pays par l'armée. — *Paris*, 1874, brochure in-8°.

La liberté religieuse, 5me édition. — *Paris, impr. Viéville et Capiomont; libr. Charpentier et Cie*, 1875, in-18 jésus de XXX et 435 pages. — 3 fr. 50. — Bibliothèque Charpentier. — La première édition parut en 1868, in-12.

Discours de M. Ed. Laboulaye, relatif à l'organisation des pouvoirs publics (amendement à l'article 1er). — *Paris, impr. et libr. Wittersheim et Cie*, 1875, in-18 de 24 pages. — Extrait du *Journal officiel*, 29 janvier 1875. — Publication du centre gauche.

Histoire des États-Unis, 6e édition, 3e époque. La Constitution des États-Unis, 1783-1789. — *Paris, impr. Viéville* et *Capiomont, libr. Charpentier*, 1876, in-18 jésus de XII et 576 pages. — 3 fr. 50. — Bibliothèque Charpentier.

Les méthodes d'enseignement. Conférence faite à la Société des Instituteurs du département de la Seine. — *Paris, impr. Parent, libr. Viat*, 1877, in-12 de 29 pages. — 40 c. — Bibliothèque géographique. — Publications de la *Revue géographique internationale*.

Séance publique annuelle des cinq académies, du vendredi 25 octobre 1878. — Discours.

Discours prononcé à la distribution des prix de l'école Monge en 1876 — *Paris*, 1878.

Allocution prononcée au Trocadéro le 27 avril 1879, en faveur de la Société amicale des Membres des Associations philotechniques. — *Paris*, 1879.

La Liberté d'Enseignement et les projets de lois de M. Jules Ferry. — *Paris*, 1880.

D'après le catalogue de sa bibliothèque, M. Laboulaye avait formé un recueil de 8 opuscules en un volume in-8° :

Testament de Dasumius — Paris, 1845, in-8° de 68 pages

Des Impositions de la Gaule dans les derniers temps de l'Empire romain, par le chevalier Charles Baudi di Vesme, trad. de l'italien par Ed. Laboulaye, in-8° de 68 pages.

Du droit agraire chez les Romains, in-8° de 11 pages.

Études sur les Coutumes du moyen âge, in-8° de 36 pages.

Travaux sur l'histoire du Droit français d'Henri Klimrath. Compte rendu par M. Ed. Laboulaye, in-8° de 13 pages.

De l'Église catholique et de l'État, à l'occasion des attaques dirigées contre les articles organiques du Concordat de 1801.— *Paris*, 1845, in-8° de 55 pages. — Extrait de la *Revue de Législation et de Jurisprudence*.

Quelques réflexions sur l'enseignement du droit en France, à l'occasion des réponses faites par les Facultés proposées par le Ministre de l'Instruction publique, in-8° de 82 pages.

De l'Enseignement et du Noviciat administratif en Allemagne. — *Paris*, 1843, in-8°.

Sous le numéro 2819, *du même catalogue, on vendait* 19 *ouvrages en* 24 *volumes, parmi lesquels :*

La chaire d'histoire et du Droit, et le concours, s. l. n. d., in-8°.

Considérations sur la Constitution. *Paris*, 1848, in-8°.

Contes bleus, dessins par Yan 'Dargent. —*Paris, Furne*, 1864, fig. et vignettes.

Droit français. Des obligations qui naissent du mariage, des droits et des devoirs respectifs des époux. — *Paris, typogr. Hennuyer*, 1866, in-8° de 68 pages.

De l'Église catholique et de l'État. — *Paris*. 1845, in-8° de 55 pages. Extrait de la *Revue de législation et de jurisprudence*.

De l'enseignement du droit en France et des réformes dont il a besoin. *Paris*, 1839, in-8° de 70 pages.

Essais sur les lois criminelles des Romains, concernant la responsabilité des magistrats. — *Paris, Durand, Joubert, Franck*, 1844, in-8° de 480 pages. — Couronné par l'Académie des Inscriptions et Belles-Lettres. — « Selon Peschia, un des juges les plus compétents en matière de droit romain, ce livre fait le plus grand honneur à son auteur. *Biog. gén. de Didot*.

Études sur la propriété littéraire en France et en Angleterre, suivies de trois discours prononcés au Parlement d'Angleterre, par sir T. Noon Talfourd, traduit de l'anglais par M. E. Laboulaye. — *Paris, Aug. Durand*, 1858, in-8°.

Le grand coutumier de France. — *Paris, Aug. Durand et Pédone-Lauriel*, 1868, in-8°. — Avec M. Dareste.

Histoire du droit de propriété foncière en Occident. — *Paris, l'auteur*, 1839, divisé en 2 vol. in-8°. — Exemplaire interfolié et corrigé pour une seconde édition.

Histoire politique des États-Unis, depuis les premiers essais de colonisation jusqu'à l'adoption de la Constitution fédérale. — *Paris, A. Durand, Guillaumin*, 1855-1866, 3 vol. in-8°. — Renferme : I. Histoire des Colonies. — II. Histoire de la Révolution. — III. Histoire de la Constitution.

Histoire des États-Unis. — *Paris, Charpentier*, 1868, in-12.

Questions constitutionnelles. — *Paris, impr. Viéville et Capiomont, libr. Charpentier*, 1872, in-18 jésus de VIII et 444 pages. — 3 fr. 50. — Cet ouvrage renferme : 1. Considérations sur la Constitution. — 2. Le droit de revision. — 3. Le plébiscite de 1870. — 4. La République constitutionnelle. — 5. La question des deux Chambres. — 6. Du Pouvoir constituant. — 7. De la Souveraineté. — 8. Séparation de l'Église et de l'État.

Thèse pour la licence : Des servitudes. — *Paris, Rignoux*, 1833, in-8° de 25 pages. — C'est la première publication de M. Laboulaye.

II.

M. Laboulaye a donné ses soins aux éditions suivantes :

D. Justiniani Institutionum, libri IV, ad fidem codd. mss. necnon optimæ notæ editionum, recensuit E. Laboulaye. — *Paris, impr. Gratiot fils, Durand*, 1838 et 1847, in-32 de 280 pages. — Cette édition, donnée sur le texte de Schrader, renferme les variantes de Cujas.

Flores juris antijustianei ad fidem germanicorum optimæ notæ editionum, recognovit Ed. Laboulaye. — *Batignolles-Monceaux, impr. Desrez, Durand*, 1839, in-32 de 352 pages.

Juris civilis promptuarium, ad usum prælectionum, recensuit Ed. Laboulaye. — *Paris, Durand*, 1844, in-32 de 680 pages.

Institutes coutumières de Loisel, suivies d'un glossaire du droit ancien. — *Paris*, 1845, 2 vol. in-12.

Institutes coutumières d'Antoine Loysel, ou Manuel de plusieurs et diverses règles, sentences et proverbes, tant anciens que modernes, du droit coutumier et plus ordinaire de la France. Nouvelle édition, revue, corrigée et augmentée par M. Dupin, ancien bâtonnier de l'ordre des avocats, procureur général à la cour de cassation, et M. Ed. Laboulaye. — *Paris, impr. Crapelet, Videcoq père et fils, Durand*, 1845, in-12 de 48 pages.

Glossaire de l'ancien droit français, contenant l'explication des mots vieillis ou hors d'usage qu'on trouve ordinairement dans toutes les coutumes ou ordonnances de notre ancienne jurisprudence, par Dupin aîné, *Paris, Durand*, 1846, in-18. — Avec M. Ed. Laboulaye.

Institutes coutumières, ou manuel de plusieurs et diverses règles, sentences et proverbes, tant anciens que modernes, du droit coutumier et plus ordinaire de la France, avec des notes d'Eusèbe de Laurière. Nouvelle édition, revue, corrigée et augmentée par MM. Dupin et Ed. Laboulaye. *Paris, Durand, Videcoq*, 1846, 2 vol. in-12 de 376 pages.

Œuvres sociales de M. W. E. Channing, traduites de l'anglais et précédées d'un essai sur la vie et les doctrines de Channing et d'une introduction. — *Paris, impr. Grimaux, chez Mme veuve Comon*, 1853, in-18 de 384 pages. — 3 fr. 50. — Né le 7 avril 1780, Wiliams-Ellery Channing est mort à Boston en 1842. Ce premier volume des œuvres du Fénelon des États-Unis contient : De l'Éducation personnelle ou de la culture de soi-même. — De l'Élévation des classes ouvrières. — De la Tempérance. — Du ministère des pauvres. — De l'obligation où sont les villes de pourvoir à la santé morale des citoyens. Parut d'abord en cinq brochures en 1869. Voir aussi les ouvrages que M. Laboulaye a traduits.

Dei Justiniani institutionum, libri IV, ad fidem codd. mss. necnon optimæ notæ editionum, recensuit Ed. Laboulaye. — *Paris, impr. Gratiot, libr. Durand* (1854-1855), in-32 de 304 pages.

Revue historique de droit français et étranger, publiée sous la direction de MM. Ed. Laboulaye, membre de l'institut, E. Dareste, E. de Rozière, C. Ginoulhiac : 1re livraison, Janvier, février 1855. — *Batignolles, impr. Hennuyer, Paris, Durand*, 1855, in-8° de 6 feuilles. — Prix annuel pour Paris : 10 fr. Les départements : 12 fr. Paraissait tous les deux mois.

Cours de droit commercial, par M. J. M. Pardessus, 6e édition, publiée par M. Eugène de Rozière, petit-fils de l'auteur, tomes I et II. — *Paris, impr. Henri Plon*, 1856, in-8° de 1176 pages. — Le cours forme 4 volumes in-8°. Il est précédé de la notice qui a paru dans le *Journal des Débats* du 13 juillet 1853, sur Jean-Marie Pardessus, né à Blois en 1772, mort le 26 mai 1853. Cette notice est signée : Édouard Laboulaye, membre de l'Institut.

Introduction au Droit français de Claude Fleury. — *Paris*, 1858, 2 vol. in-12. « Cet ouvrage remarquable, fait avec la collaboration de M. Rodolphe Dareste, et qui nous donne un tableau complet de la jurisprudence française à une époque de transition, entre les ordonnances du XVIe siècle et les réformes de Louis XIV, était resté jusqu'ici inédit ; M. Laboulaye y a joint une excellente biographie de Fleury. » *Biogr. gén. de Didot.*

L'abbé Fleury. Institution du droit français, publiée par M. Ed. Laboulaye et Rodolphe Dareste. — *Paris, Aug. Durand*, 1858, 2 vol. in-8°.

Cours de politique constitutionnelle, ou collection des ouvrages publiés sur le gouvernement représentatif, par Benjamin Constant, avec une introduction et des notes par M. Ed. Laboulaye. — *Paris, Guillaumin et Cie*, 1861, 2 vol. in-8°.

Bréquigny. Table chronologique des diplômes, chartes, titres et actes imprimés, concernant l'histoire de France. Tomes VII et VIII, par MM. Pardessus et Laboulaye. — *Paris, Imprimerie Nationale*, 1863 et 1876, 2 vol. in-fol.

Le grand coutumier de France, par E. Laboulaye, membre de l'Institut, et Dareste, docteur en droit, avocat. Nouvelle édition. — *Paris, impr. Hennuyer et fils, libr. Durand et Pédone-Lauriel*, 1868, in-8° de XLVIII et 848 pages. — 12 fr.

M. Laboulaye a traduit :

Histoire de la procédure civile chez les Romains, par Ferdinand Walter, professeur à l'Université de Bonn. Traduite de l'allemand par Édouard Laboulaye, — *Batignolles, impr. Desrez. Paris, Durand, Joubert, Brockhaus et Avenarius,* 1841, in-8° de 176 pages. — 4 fr.

Œuvres sociales de Channing, précédées d'un essai sur sa vie et ses doctrines. *Paris,* 1854, in-8°.

De l'esclavage, par Channing, précédé d'une préface et d'une étude sur l'esclavage aux États-Unis. *Paris,* 1855, in-18.

Channing. Œuvres de W. E. Channing. Traités religieux, précédés d'une introduction par M. Edouard Laboulaye. — *Paris, impr. Morris et Cie, libr. Lacroix-Comon,* 1857, in-18 jésus de XLII et 322 pages. — 3 fr. 50. — La liberté spirituelle. — L'Église. — Preuves du christianisme. — Caractère du Christ. — La Religion est un principe social. — Le Christianisme est une religion raisonnable, etc.

Channing et sa doctrine. — *Paris, impr. Raçon et Cie, libr. Charpentier,* in-18 jésus de 48 pages. — 50 c.

Histoire de la République des États-Unis depuis l'établissement des premières colonies jusqu'à l'élection du président Lincoln (1620-1860), par Jean-Frédéric Astié, traduit de l'anglais, précédé d'une préface par M. Ed. Laboulaye. — *Paris, Grassart,* 1865, 2 vol. in-8°.

Le droit international codifié (en allem.). Traduit par M. C. Lardy, et précédé d'une préface par M. Edouard Laboulaye. — *Paris, Guillaumin et Cie,* 1869, in-8°.

Œuvres sociales de Channing. Traduction française, revue et corrigée. Précédée d'un essai sur sa vie et sa doctrine, d'une introduction et de notices par M. Édouard Laboulaye, membre de l'Institut. — De l'éducation personnelle, ou de la culture de soi-même. — De l'élévation des classes ouvrières. — De la tempérance et de l'ivrognerie. — Les droits et les devoirs des pauvres. — *Paris, impr. Raçon et Cie, libr. Charpentier et Cie,* 1870. 4 vol. in-18 jésus de 368 pages. Chaque volume, 75 c.

Œuvres sociales de Channing. Traduction française, précédée d'un essai sur sa vie et sa doctrine, d'une introduction et de notices par Edouard Laboulaye. — *Corbeil, impr. Crété, Paris, libr. Charpentier,* 1882, in-18 jésus de XLIV et 372 pages. — 3 fr. 50. — Bibliothèque Charpentier.

Mémoires de Benjamin Franklin, écrits par lui-même, traduits de l'anglais et annotés par Édouard Laboulaye. 3me édition. — *Paris, impr. Lahure fils et Guillot, libr. Hachette et Cie,* in-18 jésus de 404 pages. — 1 fr. 25. — Littérature populaire.

De l'importance d'une éducation dans une république, par Horace Mann. Traduction d'E. Guerlin de Guer. Précédée d'extraits de la vie d'Horace Mann, par M. Ed. Laboulaye. 2me édition, revue et corrigée. — *Nancy, impr. et libr. Berger-Levrault et Cie, Paris, même maison,* petit in-8° de 85 pages.

Les axiomes du droit français, par le sieur Catherinot, avec une notice sur la vie et les écrits de l'auteur, par Édouard Laboulaye, de l'Institut, et une bibliographie raisonnée des écrits de Catherinot, par Jacques Flach, professeur suppléant au Collège de

France. *Bar-le-Duc, impr. Contant-Laguerre: Paris, libr. Larose et Forcel*, 1883, in-8° de 64 pages. La bibliographie commence à la page 35. — Extrait de la *Nouvelle Revue historique du droit français et étranger*.

III.

Éditions étrangères :

Neigebour. Die Heirath des Markgrafen Carl von Brandenburg mit der Markgrafin Catharina von Balbiano. — *Breslau*, 1856, in-8°.

Eine Stimme des Auslandes über religiöse Freiheit. Urtheil des französischen Rechtgelehrten und Historikers Laboulaye über Bunsens: *Die Zeichen der Zeit und deren Bekämier Stahl.* — Deutsch bearbeitet von Leop. Aug. Warnkönig. *Leipzig, Brockhaus*, 1857, in-8°.

Das Evangelium der Liebe: von Ed. Laboulaye. Aus dem Französischen übersetzt, von A. S. *Strasbourg, impr. Heitz. libr. Treuttel et Würtz*, 1870, in-12 de 11 pages.

Conferencias Curso de Legislacion comparada, par Eduardo Laboulaye; traduccion de Manuel R. Garcia. primera entrega. — *Paris, impr. Raçon et Cie. Buenos-Ayres*, 1865, in-18 de 143 pages.

Curso de Legislacion comparada, por Eduardo Laboulaye. Traduccion de Manuel R. Garcia. Conferencia secunda, tercera y cuarta entregas. — *Paris, impr. Raçon et Cie, Buenos-Ayres*, 1866, in-18 de VII, 145 et 530 pages.

Cuentos y legendas: par M. Eduardo Laboulaye, membro del Instituto de Francia. Traducidas del frances al castellano por D. Mariano Urrabieta. Edicion illustrada con 60 grabados por M. Boilvin. — *Paris, impr. Unsinger: libr. Bouret*, 1878, in-18 jésus de 296 pages.

Quattro discorsi populari di Ed. Laboulaye. Prima traduzione italiana del Fr. Bricolo. *Vicenza*, 1878, in-8°.

Los Viajos del capitan Juan. — *Corbeil, impr. Crété. Paris, libr. Bouret*, 1884, in-18 jésus de 176 pages et gravure. — Bibliotera de la juventud.

Liber diurnus romanorum Pontificum ou Recueil de formules usitées par la chancellerie pontificale du v° au XI° siècle, publié d'après le manuscrit des archives du Vatican, avec les notes et les dissertations du P. Garnier et le commentaire inédit de Baluze, par Eug. de Rozière. — *Paris, Durand et Pédone-Lauriel*, 1869, 2 vol. in-8°. — La dédicace est adressée à M. de Laboulaye.

Outre les articles extraits de la « Revue de législation » cités ci-dessus, M. Laboulaye en a donné un grand nombre d'autres dans ce recueil, notamment : *Études sur les coutumes, Philippe de Beaumanoir* (1e série, t. XI). — *Le Songe du Vergier* (t. XIII). — Du droit agraire chez les Romains (t. XVII et t. VI, 3e série). — De *l'Enseignement et du noviciat administratif en Allemagne* (t. XVIII). — *Testament de Dasumius* (2e série, t. II). — *De l'admission dans les services publics* (t. IV). — *De l'Église catholique et de l'État.*

IV.

On doit à Mme Laboulaye comme auteur, et au fils de Laboulaye comme traducteur :

Vie de Jeanne d'Arc. — *Paris, impr. J. Le Clere et Cie ; libr. Pélagaud ; Lyon, même maison.* 1878, in-18 jésus de VII et 161 pages.

Études sur la propriété littéraire en France et en Angleterre, par M. Édouard Laboulaye, avocat à la cour impériale de Paris, professeur de législation comparée au Collège de France, membre de l'Institut ; suivies de trois discours au Parlement d'Angleterre par sir T. Noon Talfourd ; traduites de l'anglais par M. Paul Laboulaye, attaché au Ministère des affaires étrangères. — *Batignolles, impr. Hennuyer, Paris, libr. Durand,* 1858, in-8° de LIX et 200 pages. — 3 fr.

Paris. — Typ. A. Quantin, 7, rue Saint-Benoit.

www.ingramcontent.com/pod-product-compliance
Ingram Content Group UK Ltd.
Pitfield, Milton Keynes, MK11 3LW, UK
UKHW022001260726
13994UKWH00004B/1887